AF585735

PORTRAITS POLITIQUES

AU DIX-NEUVIÈME SIÈCLE

2

ALEXANDRE II

PAR

HIPPOLYTE CASTILLE

Auteur de la Seconde République (1848 à 1852)

Prix : 50 centimes

PARIS

FERDINAND SARTORIUS, ÉDITEUR

9, RUE MAZARINE, 9.

1856

PORTRAITS POLITIQUES
Au dix-neuvième siècle.

— 2 —

LE CZAR
ALEXANDRE II

PAR

HIPPOLYTE CASTILLE

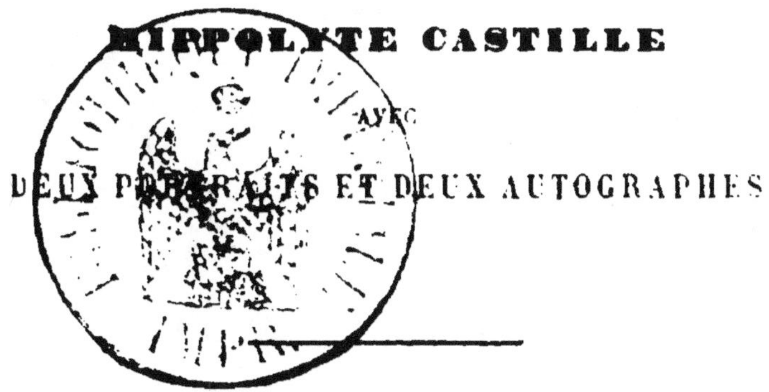

AVEC

DEUX PORTRAITS ET DEUX AUTOGRAPHES

PARIS
FERDINAND SARTORIUS, ÉDITEUR,
9, RUE MAZARINE, 9

1856

LE CZAR

ALEXANDRE II[1]

« L'empereur de Russie, héritier d'une situation qu'il n'avait pas faite, sembla animé d'un sincère désir de mettre fin aux causes qui avaient amené ce sanglant conflit. Il accepta avec détermination les propositions transmises par l'Autriche. L'honneur des armes une fois satisfait, c'était s'honorer aussi que de déférer au vœu nettement formulé de l'Europe. » (Napoléon III, *Discours d'ouververture du Sénat et du Corps législatif*. mars 1856.)

S'il y a des peuples, comme celui de Naples, par exemple, à qui la monarchie n'est pas légère, il existe en revanche des monarques dont le front trop tendre pour la couronne s'incline meurtri sous ce cercle d'or. Il faut

[1] Né le 29/17 avril 1818.

que le calus se forme pour qu'ils s'accoutument à vivre couronnés.

Telle n'est pas absolument la situation du czar Alexandre II. Il était depuis longtemps formé au rôle de roi lorsqu'il monta sur le trône ; mais on trouverait peu de princes à qui l'apprentissage fut plus rude. Peu s'en est fallu que cette âme tendre et rêveuse ne se broyât à cette épreuve.

L'impératrice mère, Frédérique-Louise-Charlotte-Wilhelmine, aujourd'hui Alexandra Feodorowna[1], était une de ces excellentes princesses de l'Allemagne protestante qu'il faudrait prendre pour modèle si l'on voulait personnifier la bonté, les vertus domestiques et l'amour conjugal. Toute cette douceur germanique qui fait qu'on aime à contempler une ronde et loyale face d'Allemand, toute cette poésie intime, cette bonne grâce du salon et du coin du feu, la sœur de Frédéric-Guillaume IV en avait déposé le germe dans le cœur de son fils.

C'est un fait physiologique bien remar-

[1] On verra plus loin pourquoi les princesses allemandes qui épousent des czars changent de nom.

quable que les fils empruntent le plus souvent aux mères non-seulement les traits du visage, mais encore les plus aimables qualités de l'âme.

A côté de ce profil de mère allemande, qu'on se représente la rude et colossale silhouette du czar Nicolas, drapé dans ce vieux manteau militaire qui lui servait de robe de chambre, avec son torse herculéen, comme l'empire russe, et ses jambes grêles comme le système qui soutenait l'empire. Qu'on se rappelle le terrible autocrate qu'un dévorant besoin de commandement et d'absorption éveillait, dès quatre heures du matin, sur cette dure couche des ambitieux et des conquérants qui, pour mieux dominer les autres hommes, cherchent à économiser sur le sommeil. Qu'on le voie à l'œuvre, dans la pratique des plus petites et des plus grandes choses, voué à un caporalisme étrange et effrayant, poursuivant un rêve de nation armée [1], touchant à tout

[1] L'impératrice de Russie commande un régiment. D'autres fois on la voit habillée en paysanne russe. Tout est combiné dans la politique des czars pour flatter à la fois le caractère national et concourir à l'organisation militaire de l'empire.

comme une utopie, ou, pour mieux dire, devenu utopie lui-même et ne s'apercevant pas qu'il sortait des conditions de l'humanité !

On comprendra de suite à quels déchirements fut soumise l'âme de l'enfant impérial entre ses instincts et la main qui le pétrit pour le trône de Russie. Car Nicolas, lui aussi, aimait son fils ; il l'aimait d'un amour de père et de czar, et, avec cette logique implacable des fortes personnalités, il ne voyait rien de mieux, comme père et comme czar, que de faire de son fils aîné un second lui-même.

C'est ainsi que, dès sa plus tendre enfance, le cézaréwitz Alexandre fut obligé de porter un habit de soldat. Nicolas jouait vis-à-vis de ce conscrit en bas âge le rôle de sergent instructeur, et lui apprenait l'exercice.

N'est il pas étrange de voir sur un des plus grands trônes du monde un père procéder vis-à-vis du prince impérial comme le ferait un Ioway enseignant à tirer de l'arc à son sauvage enfant ?

De cette double attraction en sens contraire exercée par le père et par la mère, il dut résalter chez l'enfant impérial une division analogue dans les sentiments. Par sa mère, il inclina vers l'Europe ; par son père, vers la Russie.

La dualité se poursuivit jusque dans l'éducation du jeune prince. Son premier professeur, le général Mörder, était protestant et d'origine allemande ; tandis que M. Joukowski, poëte russe, qui, à la mort du général, dirigeait les études du jeune grand-duc, poussait l'esprit national jusqu'à l'archaïsme.

On reproche à la Russie d'emprunter à l'Occident tous ses éléments de civilisation, pour les faire servir au profit de son ambition. Cela est exact au point de vue scientifique, militaire et industriel. Mais il n'est pas moins certain que la Russie a fait des efforts considérables pour susciter dans son sein une littérature vraiment inspirée du génie national.

Malheureusement le régime gouvernemental de la Russie, poussé à une sorte de paroxysme par le czar Nicolas, n'était pas propre à développer le génie littéraire. Sauf peut-être les *Mémoires d'un Chasseur* de M. de Tourguenieff, je ne crois pas avoir lu un seul ouvrage littéraire russe qui exhalât véritablement le parfum national. M. Pouschkine est un lord Byron travesti ; M. Gogol ressemble à M. de Balzac ; M. Lermontoff, au premier venu de nos fantaisistes romantiques. Ces écrivains sont doués d'un talent véritablement éminent, mais ils manquent de personnalité.

Cette absence d'individualité se fait plus vivement sentir dans les doctrines philosophiques. Nous voyons par les *Mémoires d'un Russe*, M. Hertzen, que la Russie, malgré ses rigueurs administratives, n'est à l'abri d'aucune utopie. Il n'est pas une doctrine philosophique en Europe qui n'ait son admirateur en Russie. Les intelligences y sont plongées dans une complète promiscuité d'idées.

M. Joukowski, le second professeur du jeune Alexandre, était aussi un poëte romantique. Il cultivait le genre de M. de Lamartine. Le principal mérite d'un poëte romantique russe est de rechercher et de poétiser les vieilles coutumes nationales. C'est la parodie de nos poëtes chevelus et lycanthropes de 1830, exhumant le moyen âge.

Le czar Nicolas a subi durant toute sa vie l'influence du vieux parti russe. Par politique ou par goût, il inclinait vers le romantisme tartare. Il est bon de dire en passant que ce qu'on nomme le *vieux parti russe* se compose en majorité de romantiques poursuivant l'idéal d'une Russie. Le reste est un groupe de fanatiques à idée fixe, aux yeux de qui le peuple russe n'a pas d'autre mission en ce monde que de se constituer jusqu'à la consommation des siècles exécuteur testamentaire de Pierre le Grand.

L'enthousiasme du poëte Joukowski alluma dans le crâne du jeune prince la lampe de l'idéal russe à côté du flambeau européen du protestant Mörder.

Ce serait un curieux tableau d'intérieur à mettre sur la toile, un tableau digne des magnificences du pinceau de Van Dyck, que celui de la famille impériale russe pendant l'enfance d'Alexandre II. Il y avait là une vingtaine d'altesses impériales, sans compter les alliances.

Nicolas dominait de sa hauteur de père inflexible et de czar implacable ce cercle dont il aimait à s'entourer, et où il se montrait à la fois profondément affectueux, familier comme un bourgeois de Pétersbourg, et en même temps toujours autocrate[1].

Quelques physionomies sombres ou rayonnantes accidentaient ce cercle impérial : c'étaient le rude et fantasque Michel, la grande-duchesse Hélène, plus imposante que Nicolas lui-même ; la douce Alexandra ; la grave Marie de Leuchtemberg; l'idéale Olga, et Constantin, frère puîné d'Alexandre, qui, tout enfant, révélait des instincts de Tartare et de conquérant, idole du vieux parti russe et sur lequel son père Nicolas jetait parfois un regard de regret.

On conçoit que cette différence de caractère entre Alexandre et son frère Constantin dut être pour eux une fréquente cause de querelle. La douceur du cézaréwitz et l'autorité pater-

[1] Quelques-uns de ces traits, mais plus accentués, plus sauvages et mêlés d'intempérance et de débauche, se retrouvent dans Pierre le Grand tel que nous le dépeint Saint-Simon.

nelle ne suffisaient pas toujours à contenir la fougue de Constantin.

Une anecdote assez répandue jette sur ces années de l'enfance d'Alexandre et de Constantin une lumière significative. Les deux frères et quelques compagnons de leur âge jouaient dans un appartement du palais d'hiver. Leur jeu était la mise en scène d'une des plus sombres pages de l'histoire de Russie. Alexandre assailli est renversé ; Constantin lui presse la poitrine, et, aidé de ses complices, il lui passe un lacet au cou, faisant le simulacre de l'étrangler. « Grâce ! grâce ! » criait Alexandre. Ces cris saccadés et désespérés d'une personne qu'on étouffe arrivent aux oreilles du czar, qui s'élance hors de son cabinet, et reste consterné devant ce jeu de princes.

Les enfants représentaient la mort de Paul Ier. Nicolas les réprimanda et punit Alexandre pour avoir crié *Grâce*, lui faisant observer qu'un tel cri n'était pas digne d'un czar.

Dans une autre circonstance, Constantin, investi de fort bonne heure du grade d'amiral général des flottes de l'empire, qu'il exerce encore aujourd'hui, fit arrêter Alexandre pour être venu sans autorisation à son bord[1].

Il ne se gêna bientôt plus pour manifester son dépit et son ambition. On l'entendit maudire la loi d'hérédité; il parla de partager l'empire quand le czar Nicolas aurait cessé de vivre. Il prit au sérieux le nom de *Czarigrade*, ville des czars, donné par les Slaves à Constantinople. Tous les instincts d'un czarisme barbare se manifestaient en lui.

J'ai ouï dire au maître d'armes Grisier que, dans les assauts à pied ou à cheval, Constantin l'oncle déployait une fureur sauvage. Tout cela

[1] C'est en cette qualité de grand amiral que Nicolas fit voir son fils aux Grecs de l'empire ottoman. Il est vrai que, comme correctif à cette démarche un peu trop significative, il l'envoya à Toulon. Le jeune Constantin y charma les autorités françaises par sa grâce et sa beauté.

En Russie, où la forme est si importante, les princes ont compris qu'il fallait être ou très-beaux — et ils le sont de façon à être remarqués même sous des habits d'artisan; — ou très-laids, comme l'était Constantin l'oncle.

s'est bien calmé depuis[1] dans l'âme du neveu.

Nicolas avait coutume de faire passer ses fils par tous les degrés de la hiérarchie militaire et de ne les élever que successivement aux grades supérieurs. Il était sans doute moins scrupuleux pour les fonctions civiles, car il conféra au jeune Alexandre, âgé de huit ans, le grade de *chancelier de l'université de Finlande* (11 janvier 1826), ce qui pourrait faire supposer que l'université de Finlande en était encore à l'alphabet, si l'on ne savait quels trésors de science recèlent les universités du Nord.

Ces fictions, qui, au premier aspect, heurtent le sens commun, ont une raison politique; mais le public est surtout frappé de l'impertinence qu'elles expriment. N'est-ce pas une des défectuosités de la monarchie d'être obligée de recourir à de tels moyens?

[1] Un écrivain distingué qui a beaucoup écrit sur la Russie, M. Leouzon le Duc, donne sur la personne d'Alexandre et la cour de Russie des détails nombreux et intéressants. (Voir *Alexandre II*, Librairie Nouvelle, 1855.)

La nomination du jeune Alexandre au titre de chancelier de l'université de Finlande porta les fruits qu'en attendait le czar Nicolas. Lorsqu'en grandissant le cézaréwitz prit son titre au sérieux, il devint l'intercesseur des Finnois près du trône. La jalousie littéraire de la Russie contre la Finlande et les vexations qu'elle engendra furent adoucies par Alexandre, devenu sur ce terrain l'antagoniste de Mentzikoff.

Ainsi s'affaiblit, par la reconnaissance des Finnois pour Alexandre, le parti national finnois, ou *finnomane*, et le parti finno-suédois. La Russie consolidait son injuste conquête de 1810.

C'est à l'âge de seize ans qu'est fixée la majorité du cézaréwitz. L'existence d'Alexandre devint alors plus lourde encore par les honneurs excessifs dont elle fut chargée et par l'incessante activité que sa condition nouvelle exigeait de lui. Aide de camp du czar, hetman des Cosaques, commandant le régiment des lanciers de la garde, tout le temps qu'il ne consacrait pas aux études les plus ardues, il le passait à cheval, à côté de son père. Nicolas redoublait d'exigence, comme s'il eût pressenti sa fin.

Le jeune Alexandre, excédé, surmené, dormant sur un mauvais lit, voué à une vie écrasante, toute mécanique, sans poésie, sans imprévu, toucha le fond de cet abîme de misère et de grandeur dans lequel plonge de pauvres enfants voués au trône le génie dévorant, infatigable, de certains rois à qui cette vie est un milieu nécessaire, comme au poisson l'eau.

Quiconque se souvient de la vingtième année sait combien, à cet âge, il est doux de vivre par le cœur et l'imagination. Cette époque de la vie, placée entre les rigueurs scolaires et les devoirs de la fonction, années de stage et de liberté, les plus belles de notre existence, et qu'il faut avoir traversées pour ne pas laisser derrière soi ce champ rose des regrets qu'on regarde par-dessus l'épaule avec une douleur infinie, — cette époque, dis-je, n'existe pas pour les princes. Il ne leur est pas donné de s'attarder parmi le chœur des années printanières. Une divinité implacable, suscitée peut-être par le génie ulcéré de l'égalité démocratique, leur fait expier par anticipation la royauté : c'est la déesse Étiquette, vieille fille jaune et sèche, ensevelie dans la dentelle et l'or.

Le cézaréwitz ne se plaignit pas, il obéit à la consigne. Mais insensiblement on vit sa joue se tuméfier et pâlir, son regard bleu perdre son éclat, comme une fleur brisée qui se penche. Un pli amer inclina le coin de sa lèvre. Une mélancolie profonde fondit sur ce jeune cœur si plein de sensibilité, d'enthousiasme, de grâce, si bien fait pour les choses aimables de la vie.

Le czar Nicolas, malgré l'absorption dans laquelle le plongeait le rêve monstrueux de ses nuits et de ses jours, s'aperçut qu'il tuait son fils. Sa tendresse paternelle comprit que l'élément russe avait trop dominé dans les dernières années de l'éducation qu'il lui donnait. Il sentit ce que le côté maternel européen devait souffrir dans cette âme mi-partie. Il fallait évidemment l'Allemagne à ce pauvre

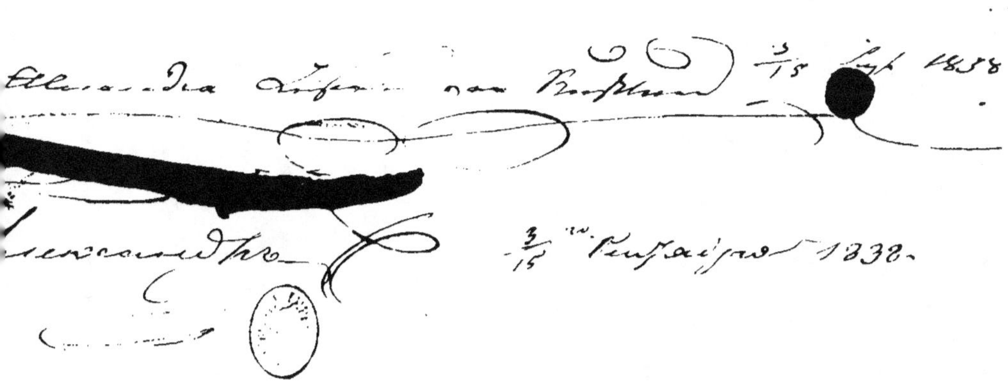

Alexandra Kaiserin von Russland 3/15 Sept 1838

3/15 1838

Sartorius rue Mazarine

jeune cœur comprimé par les rigueurs de la cour de Russie et tout rempli de la nostalgie des choses occidentales[1].

Alexandre partit donc pour l'Allemagne, traînant sa mélancolie avec son caractère officiel. — Le comte Orloff l'accompagnait.

C'est dans ce voyage qu'il fut rencontré par M. de Custine. Ce gentilhomme, qui, selon l'heureuse expression de M. Vaillant, devait entrer légitimiste en Russie et en sortir républicain[2], fut frappé de la tristesse d'Alexandre et en même temps de sa grâce et de sa beauté. Il qualifia le grand-duc « un des plus beaux modèles de prince » qu'il eût rencontrés.

Le voyage du fils du czar faisait grand bruit dans les cours d'Allemagne. — Qu'un millionnaire aimable, jeune, et par conséquent mariable, tombe dans une petite ville de pro-

[1] Il est vrai qu'en analysant le système de mariage des czars avec des princesses allemandes, on est frappé de voir que le petit-fils n'a déjà plus qu'un huitième de sang russe dans les veines ; le fils de celui-ci n'est plus qu'une seizième dilution.

[2] *L'Empire, c'est la paix*, par J.-A. Vaillant. Paris, Dentu, 1856.

vince, on conçoit l'agitation qui s'empare des familles où l'on possède tout ce qu'il faut pour compléter le bonheur d'un favori de la fortune. Le fils d'un roi qui voyage dans les petites cours d'Allemagne pénètre dans les jardins d'Armide; mais à bien plus forte raison lorsque ce prince est le fils aîné du czar.

En voici le double motif.

Le premier et le mieux connu, c'est qu'il entre dans les vues du système russe de gagner du terrain en Europe par tous les moyens possibles : par la guerre et par la paix, par les traités, par les prêts, par les congrès, par les occupations, par les protectorats, et, au besoin, par les alliances.

Le second, c'est que les czars, obligeant leurs brus à embrasser la religion grecque orthodoxe, ne rencontrent cette complaisance que parmi les petites cours de l'Allemagne. Les choses en sont venues à ce point que, jusqu'à dix ou douze ans, l'on n'y baptise point les jeunes princesses, comme s'il était dans leur destinée de préférer les rois à Dieu. Elles vivent ainsi à l'état d'*en cas* impériaux ou royaux.

Chaque pas du jeune grand-duc était donc marqué par des enchantements. Il semblait que l'Allemagne du Nord elle-même s'offrît au cézaréwitz parée des grâces de Marguerite et des cheveux blonds de Dorothée. Et lui, ennuyé de tant de princesses, fuyait, le cœur malade, ne sachant où placer ce besoin d'aimer qui se fait sentir, à ce qu'il paraît, sous la pourpre comme sous la toile, et que devait éprouver bien plus vivement encore un jeune prince échappé à la discipline de Nicolas[1].

Une bonne fée le conduisit à la cour de Hesse-Darmstadt, où régnait un prince mélomane, le grand-duc Louis II. La Hesse-Darmstadt est un pays de landgraves, de margraves et de burgraves; une de ces contrées bénies, où, à l'instar de leurs sujets, les grands-ducs n'ont ordinairement pas moins d'une gamme d'enfants, composée de duchesses blanches et

[1] Pour distraire les ducs d'Orléans et de Nemours de la discipline de Louis-Philippe, et en vue d'un mariage germanique, M. Thiers avait, lui aussi, imaginé de faire faire aux deux fils du roi une promenade parmi les princesses allemandes.

roses et de princes colonels de régiments prussiens ou autrichiens.

Comme dans les contes de Musœus et de Perrault, vivait à l'écart, fuyant le tumulte et l'éclat de la cour, une jeune princesse, fille de Louis II, Maximilienne-Wilhelmine-Auguste-Sophie-Marie. Elle était d'une beauté simple et touchante, que relevait encore sa modestie. Le fils du czar respira cette douce violette germanique. Ces deux mélancolies se fondirent en un même amour [1]. Louis II agréa la demande d'Alexandre. Bientôt la belle fiancée fit son entrée dans Pétersbourg, aux acclamations du bon peuple russe.

Le mariage eut lieu le 16 (28) avril 1841.

A dater de cette époque, Alexandre perdit cette tristesse qui avait assombri sa jeunesse. Sa vie avait un but tel qu'il le lui fallait, c'est-à-dire un but où les choses du cœur tenaient

[1] Il paraît que la jeune princesse fut si vivement frappée à la première vue du césaréwitz, qu'en rentrant dans ses appartements elle fut prise d'une fièvre violente. On l'entendit murmurer dans son délire : « Je l'épouserai ! »

au moins autant de place que celles de la politique. L'assiette de sa vie était trouvée; sa gaieté naturelle se fit jour. On le vit alors tel qu'il est aujourd'hui : homme de bon sens, prince plein de grâce et de dignité, époux affectueux, tendre père, bon convive, comme doit l'être tout véritable Allemand, et en même temps assez fier sous le harnais militaire pour enorgueillir des Cosaques.

On trouvera le portrait un peu flatté peut-être. Tel est pourtant l'impression qui nous est restée de nos lectures et de nos conversations relatives à ce souverain. Il n'est pas présumable que l'amour des rois nous aveugle; c'est une raison de plus pour leur rendre justice quand nous en rencontrons d'aimables. Gardons-nous bien, d'ailleurs, de confondre la politique russe avec la personne du monarque.

On n'a pas oublié les voyages de la famille impériale de Russie en 1850. Celui d'Alexandre ne fut pas moins significatif que celui de Nicolas à la cour d'Autriche. Il résulte d'observations trop longues à consigner ici que, dès cette époque, le czar Nicolas procédait lentement à ses préparatifs de guerre. Un voyage dans lequel l'héritier présomptif de la couronne visita Cherson, Nicolaieff, Sébastopol et le Caucase, s'éclaire singulièrement aux reflets des événements qui se sont accomplis depuis sur ce même terrain.

Le Caucase est moins une frontière qu'un cimetière russe. Alexandre put fouler aux pieds les ossements blanchis de ces légions en disgrâce que Nicolas envoyait s'user à la sape de l'Asie. Il a dû faire là de tristes réflexions et sonder dans toute sa profondeur une des plaies du système czarien.

Le hasard lui fit en chemin la galanterie d'un incident militaire. Il eut un petit engagement avec une tribu circassienne. Le prince Worontzoff[1] fit un pompeux rapport à l'em-

[1] Le prince Worontzoff, élevé à l'ambassade russe à Londres, est un des hommes les plus aimables de la Russie. Très-grand seigneur, honnête homme, grand homme de guerre, il offre le type le plus accompli du caractère russe soumis au contact de la civilisation occidentale.

pereur, et Alexandre, qui s'était d'ailleurs conduit avec bravoure, reçut la croix de Saint-Georges.

Alexandre était rentré au palais Tzarskoe-Celo le (13) 25 novembre 1850. Peu d'années après, le czar Nicolas, dont l'âge et la force promettaient encore de longs jours, tomba brusquement malade.

C'était au commencement de février 1855. Cela commença par un rhume et finit par la mort. Couché sur un lit de maroquin rempli de crin, et couvert de son vieux manteau militaire, Nicolas attendit impassiblement l'instant suprême. Lorsqu'il sut que son poumon était paralysé, il dit stoïquement : « A quelle heure étoufferai-je? »

L'impératrice, qui l'avait aimé avec passion, s'écriait : « Garde-moi auprès de toi, je voudrais mourir avec toi si cela était possible. » Mais il l'éloigna en lui disant qu'il la ferait appeler quand l'heure viendrait.

Il pensa au roi de Prusse, et dit : « Recommandez à Fritz de rester le même pour la

Russie, et de ne pas oublier les paroles de papa[1]. »

Nous retrouvons parmi les citations de journaux réunies par M. Leouzon le Duc, un fragment du *Times*, auquel la paix récente donne un nouvel à-propos et toutes les apparences de la vérité. « Mon cher fils, aurait dit à Alexandre le czar mourant, je regarde comme une nécessité indispensable pour vous de faire la paix, même en acceptant la limitation de la puissance russe dans la mer Noire. Cette concession sera imputée non à vous, mais à moi. J'ai été trompé sur le caractère de l'opinion publique en Angleterre. Je n'avais pu croire à la possibilité d'une alliance entre ce pays et la France. Je croyais l'empereur Napoléon animé d'une haine irréconciliable contre les Anglais. »

Il ajouta qu'avec son obstination Napoléon III ne cesserait d'humilier la Russie ; que la France et l'Angleterre unies rallieraient toute l'Europe, sauf la Prusse, sur le corps de

[1] *Moniteur prussien* du 3 mars.

laquelle la France n'hésiterait pas à passer au besoin.

Il eût ainsi achevé ces sages recommandations : « J'ai été grand et fort, mais j'ai porté peut-être trop haut mon orgueil pendant mon long règne. C'est pour cela que Dieu m'a humilié à mes derniers jours. *Efforcez-vous de briser l'union qui existe entre la France et l'Angleterre.* Ramenez l'Autriche à la Russie, l'Autriche que la Prusse en a si follement éloignée ; *faites en sorte que la Prusse soit admise aux conférences de Vienne*, afin d'empêcher, par son influence, les puissances occidentales de nous imposer des conditions.

Cette mort trompa l'Europe capitaliste. Nicolas, même fou, eût dit : « Faites la paix, » la Russie eût fait la paix. Le jeune empereur n'étant que le reflet de son père, la mort de Nicolas ne changeait rien. Elle était seulement un surcroît d'embarras. Il n'y avait plus de volonté assez forte pour résister absolument au vieux parti russe. L'envoi du comte Orloff à Paris le prouve. Le comte Orloff est un clair de lune du czar décédé. — La France a eu deux fois raison de vaincre.

Aujourd'hui, ces dures conditions que redoutait Nicolas, Alexandre II comprend que c'est précisément à l'Autriche qu'il les doit. Mais, quelque ressentiment qu'il en éprouve, le czar est condamné à voir dans l'Autriche une amie éternelle et éternellement décevante. Il hérite en ceci, comme dans le reste, *d'une situation qu'il n'a pas faite*. Les deux empereurs règnent en des contrées conquises : sur la Pologne et sur l'Italie ; sur la Finlande et sur la Hongrie. De telles situations sont solidaires. S'il est vrai qu'un traité secret ait existé entre la Russie et l'Autriche dès le début de la guerre, la Russie a lieu d'être mécontente.

Jetée forcément dans une diplomatie cauteleuse, rongée de perplexités à cause du peu de réalité de son unité et du voisinage d'une puissance aussi formidable que l'est la Russie, l'Autriche n'offrira jamais un terrain solide. Son rôle en Europe est de n'avoir que des alliances lucratives et crédules, parce qu'en vérité il lui est difficile de soutenir autrement la fiction sur laquelle repose son empire disparate. Elle avait déjà montré à la Russie un bel échantillon de son savoir-faire en déclarant l'indépendance du synode orthodoxe de Carlowitz, qui, par affinité religieuse avec la Russie, était sur le point de reconnaître la suprématie de celui de Pétersbourg.

Nicolas se coucha dans la tombe comme il eût monté à cheval, obéissant à la loi de la mort comme au son de la trompette militaire sonnant le boute-selle. Le peuple russe alla contempler le visage de ce monarque mort qu'il aimait comme un père, craignait comme un maître et vénérait comme un Dieu.

C'est presque une tradition dans l'empire russe que les czars n'y meurent point d'une mort naturelle. Un journal danois, le *Fædrelandet*, osa affirmer que Nicolas était mort empoisonné. Il discuta la maladie vaguement définie sous le nom d'*affection du poumon droit*, représenta le czar en bonne santé le 27 février, et déjà mourant le 1er mars.

Il fit ensuite remarquer que le manifeste de l'empereur Nicolas pour l'armement général de l'empire remontait à peine à un mois. Or, on le sait, plus la propriété est escortée de priviléges, plus elle est implacable. Un boyard moldo-valaque, par exemple, dont la propriété est insaisissable et ne paye point d'impôt, ne souffre même pas qu'on enlève la boue accumulée devant sa porte; — cette saleté atteste son privilége.

Le journal danois laissa planer les soupçons sur la noblesse russe, irritée d'avoir à faire de nouveaux sacrifices, et excitée par l'espoir de dominer l'aimable et jeune monarque qui devait succéder à Nicolas.

Deux feuilles allemandes, le *National Zeitung* et le *Volkszeitung*, furent saisies pour avoir émis des conjectures analogues.

On n'a évidemment fait cette supposition que parce que les Russes ont déjà étranglé sept czars à la suite les uns des autres. On ne prête qu'aux riches. Telle est la conclusion de l'opinion publique, si naïvement exprimée par cet Italien qui, parlant avec estime et admiration des divers czars qui s'étaient succédé jusqu'à Alexandre Ier, terminait toutes ses phrases par un : « *ma fu strangulato,* » et qui, arrivé au dernier, ajoutait : « *Questo imperatore Alessandro e un principe molto bello, molto generoso, ma come tutti gli altri imperatori di Russia... sara strangulato.* »

Quoi qu'il en soit, Alexandre II, avec le caractère dont nous avons tracé l'esquisse, se trouva inopinément, selon l'expression de Napoléon III, en face d'une *situation qu'il n'avait pas faite,* d'un système préexistant, d'une politique héréditaire.

On a vu le monarque, examinons le système. Le voici tel que nous l'avons expliqué ailleurs d'après de précieuses indications auxquelles nous rendrons justice un jour.

Nous ne décrivons une bataille qu'après avoir consulté les glorieux blessés qui en sont revenus.

Le système russe repose sur deux bases : les protectorats et l'agglomération slave. Les protectorats sont un fait nouveau ou du moins un terme mal défini en politique, le mot lui-même appartient à ce siècle. C'est, à proprement parler, l'emploi de la ruse substitué à celui de la force ouverte ; l'occupation au lieu de la conquête. Protéger, c'est se placer sur un terrain mixte en dehors de la lettre des traités, c'est gouverner sans régner, jusqu'à ce que l'assimilation soit complète.

Or, il faut le dire, nul peuple depuis les Romains n'a poussé au même degré que la Russie le don de l'assimilation. Elle puise dans ce qu'elle a de négatif même, dans son absence de caractère propre, des ressources infinies pour ce formidable travail.

L'assimilation de la Pologne nous a surtout frappés, nous autres Français ; mais c'est à peine si nous avons prêté attention à l'assimilation de la Finlande enlevée à la Suède, comme la Bessarabie aux Roumains.

Et pourtant ces mots : mer Baltique et mer Noire, Suède et Turquie, s'éclairant l'un par l'autre, avaient, dès le dernier tiers du dix-huitième siècle, en tombant des lèvres de Gustave III, projeté leur clarté sur la ténébreuse politique des czars. Cette seule parole avait suffi pour créer dans M. de Vergennes, ambassadeur à Stockholm, un de ces ministres comme il en eût fallu un à la seconde République française pour être honorée et par cela même sauvée.

Ce que la Russie cherchait dans ces régions hyperboréennes, c'étaient les mines de fer, de plomb, de salpêtre, les bois de construction, qui font de la Finlande un arsenal; c'étaient les tièdes pêcheries du district des fiords, ses ports libres par les courants du sud des glaces du pôle arctique, ses ports si voisins d'Édimbourg et de Newcastle; ce qu'elle cherchait furtivément à la lueur des nuits polaires, c'était, disons-le, le chemin de l'Angleterre!

Quant à la marche des protectorats dans le Levant, nul n'a vu ou voulu voir. C'est si loin! Or l'industrie, la reine véritable de l'Occident, née d'hier, n'ayant encore que des appétits au lieu de principes, habituée à regarder à terre, croyant plus utile et plus avantageux pour elle de construire le chemin de fer de Saint-Germain que de percer l'isthme de Suez, l'industrie, maîtresse à l'intérieur, maîtresse des esprits par la préoccupation des faits commerciaux, maîtresse des consciences par la corruption, l'industrie n'a rien vu et a obligé la politique à ne point voir ou à se taire.

Si, rapprochant les uns des autres, du nord au midi, de l'occident à l'orient, les actes des protectorats des Russes, elle eût pu voir et comprendre; comme Macbeth, elle eût reculé de terreur devant cette *forêt qui marche*.

En voyant la Russie enlever la Finlande au nord, la Pologne au centre; arracher, au sud, la Bessarabie aux provinces danubiennes, entourer la Turquie par la Servie et le Montenegro, dominer ainsi les Slaves de l'Autriche et les chrétiens de l'empire ottoman; en rapprochant, disons-nous, ces faits trop longs à énumérer des prodiges d'assimilation accomplis depuis cent ans par les Russo-Sibériens aux frontières de la Chine et de la Perse, depuis le détroit de Behring jusque derrière la mer Caspienne, parmi ces hordes que la Providence a semées comme les nébuleuses des futures patries, comme un frai social qui n'attend que la fécondation civilisatrice pour devenir peuples, — l'individualisme eût reculé peut-être.

Il eût compris qu'à ce jeu des écus et des âmes la France, comme la Pologne, pouvait un jour disparaître de la carte, et l'Angleterre, seule devant le continent russe, périr sur son île trop étroite comme sur un radeau de *Méduse*.

L'agglomération slave, le second moyen du système russe, n'a pas été mieux observée par les masses, ni dissimulée avec plus de soin par le petit nombre de voyants.

Sans cet aveuglement et ce parti pris en France, on se fût un peu plus préoccupé de la pensée de cette masse d'hommes si divers en apparence, mais unis par un culte commun et embrassant, depuis les sommets de la Sibérie jusqu'à la Dalmatie, une si vaste part du continent européen. On se fût demandé par quel mystère toutes ces races slaves qui forment des enclaves si curieux à observer jusqu'au cœur de l'Europe centrale, comment des peuples qui parlent des langues si diverses, tendent tous vers un même point du globe : Constantinople.

Il eût été facile de comprendre alors le part.

que la Russie pouvait tirer de ces origines, de ces tendances, de ces croyances religieuses communes. Il suffisait pour cela de rechercher qui avait appris à ces peuples épars sur une telle immensité à désigner d'un même nom cette ville lointaine, afin que Constantinople, nommée par eux la ville des Czars (Czarigrade), devînt un point de ralliement.

Attroupés à l'orient de l'Europe, les Slaves, du haut des Carpathes, plongent des regards enflammés vers l'Occident. Le magnifique tableau de la civilisation occidentale les transporte d'admiration et de convoitise. Comme les Gaulois aux mauvais jours de l'empire romain, ils attendent l'heure où la patrie épuisée par les guerres et les révolutions perd sa force avec son sang; ils attendront au besoin le moment où les peuples amollis restent indifférents à l'esclavage.

Alors un czar, se faisant l'Attila de ces hordes ameutées, rejettera dans le chaos des époques barbares ce qui fait aujourd'hui la gloire du monde.

Telle est du moins la vérité pour les Slaves

du Nord. Ceux-ci regardent la civilisation occidentale comme une proie. Ils veulent la dévorer et l'anéantir. Il est juste d'ajouter que les Slaves du Sud, la contemplant au contraire d'un œil de sympathie, aspirent à se l'assimiler et à s'y confondre.

Mais les ministres des affaires étrangères n'ont pas, en France, coutume de se préoccuper à ce point de l'avenir. Le présent et la pratique les absorbent. Ils ne s'aperçoivent pas que ces révélations qu'ils dédaignent comme des prophéties imaginaires envahissent depuis plus de trente-cinq ans le domaine des faits; que rien ne s'accomplit en Europe et en Asie qui ne soit une manifestation directe du mal que nous signalons; que tout ce qui s'accomplira pendant longtemps encore, batailles, emprunts, congrès, traités, seront les broderies d'une trame dans laquelle l'histoire contemporaine est irrévocablement enfermée.

Lorsque le mot panslavisme s'est produit dans la langue politique, c'est à peine si l'on s'est ici demandé ce qu'il signifiait. Le panslavisme a longtemps vécu parmi nous à l'état de curiosité littéraire. Les Russes n'en disaient rien, et les Polonais, par orgueil, en faisaient une chose polonaise. Mais quel ministre des affaires étrangères en France a songé à demander au nouveau venu son origine et sa filiation ; à prêter seulement une attention sérieuse aux sentinelles avancées, criant : France, voici l'ennemi ! ou aux conseillers animés de l'amour de la patrie qui leur montraient du doigt sur la carte les enroulements du serpent slave depuis l'océan Glacial jusqu'à l'Adriatique ?

C'est grâce à cette ignorance du système russe, à cet aveuglement sur la marche des protectorats et du panslavisme, que nul ici, sauf peut-être deux ou trois clairvoyants qu'on prit pour des fous, ne vit la guerre actuelle s'avancer d'une marche lente et sûre depuis 1849 jusqu'au jour de l'occupation des principautés danubiennes.

C'est grâce à cette horreur de la vérité qu'on a laissé la Russie choisir son heure, s'approvisionner et s'armer.

On ne vit pas qu'en fondant sur la Hongrie

sous le vain prétexte du rétablissement de l'ordre en Europe, elle frappait les ennemis des Slaves et faisait du panslavisme.

On ne vit pas qu'à l'aide des protectorats de Moldavie et de Valachie elle portait la main sur la clef de voûte de la politique continentale ; qu'en occupant ce sol neutre, qu'on pourrait nommer la grande route du monde, elle plongeait au cœur des plus hauts intérêts de l'Europe ; qu'en arrachant à la faible Turquie le traité de Balta-Liman, elle se mettait en mesure de protéger l'Autriche et la Turquie elle-même, de prétendre insolemment au protectorat des chrétiens d'Orient, et de fouler aux pieds les antiques capitulations de la France avec l'empire ottoman.

En examinant de plus près le panslavisme, on se fût aperçu qu'il n'était en réalité qu'une manifestation ancienne d'un même système déguisé sous des appellations diverses et successives, selon les temps et les circonstances.

Au plus haut point de son origine, on en eût découvert le germe dans les manœuvres de l'orthodoxie russe. Bien des gens se sont occupés de ces compagnonnages religieux et politiques qui remuèrent la Turquie et la Grèce. Dans ce mouvement gréco-slave se retrouve encore un des précurseurs du panslavisme. L'agitation philhellène, qui engendra la campagne de Morée et déchaîna contre la Turquie toutes les âmes sentimentales, naquit des hétairies et continue la filiation. Cette monstrueuse mystification russe trompa tout l'Occident. Les peintres, les poëtes, les orateurs, les soldats, Byron mourant à Missolonghi, Casimir Delavigne chantant les *Messéniennes*, furent d'innocents complices des profondes combinaisons du système russe. Fils des hétairies et du mouvement philhellène, le palicarisme, né sous le ministère Coletti, du sein de l'Archipel et du Péloponèse, fut plus transparent. Il prétendit ouvertement à rompre le *statu quo* et à dissoudre l'intégrité de l'empire ottoman.

Telle est la généalogie politique du panslavisme, qui se présente à son tour sur la scène du monde avec des prétentions à une ethnographie, à une littérature propres ; qui s'offre comme un peuple embryonnaire, épars sur la carte, dont les anneaux cherchent à se nouer du nord au midi, et ont failli se rencontrer à Athènes dans le mouvement des hétairies et du philhellénisme.

Bien des événements actuels, bien des événements à venir, trouvent et trouveront leur interprétation dans les doubles manifestations du système dont nous expliquons la marche. Et, s'il était permis d'élever un doute sur la connexité des affiliations et des mouvements que nous venons d'énumérer, résisterait-il à cette éclatante coïncidence qui rassemble en une seule et même main les fils de toutes ces ténébreuses intrigues?

Les hétairies, le palicarisme, le panslavisme, comme l'orthodoxie, eurent leur chef mystérieux, inconnu, au même point du globe, à Pétersbourg; dans la même incarnation, la personne du czar.

Ou, si l'histoire ostensible peut démentir une telle assertion, si l'audace de cette tranchée ouverte au plus profond des entrailles du système russe épouvante les moyennes intelligences, si l'héroïsme lui-même peut repousser avec horreur et comme une pure calomnie l'idée que les combattants de Missolonghi avaient pour chef le czar, il n'en est pas moins vrai que lui seul profita de la victoire.

Ah! sans doute, les douze apôtres armés qui partirent de la Bessarabie sous la conduite d'Ipsylanti, pour semer l'idée sainte des hétairies n'avaient pas reçu de Pétersbourg le mot d'ordre et les trente deniers de Judas; mais, si l'héroïsme reste pur, si le nom d'Ipsylanti rayonne d'une gloire éternelle, si lord Byron, à Missolonghi, a réhabilité à la face de l'Europe les erreurs de sa jeunesse, rien de cela ne peut empêcher que le czar n'ait favorisé ces mouvements pour s'immiscer plus tard dans les affaires de l'Europe et poser un jour la serre de l'aigle à double tête sur Constantinople. Rien n'empêchera que les deux tronçons du serpent slave n'aient failli se rejoindre dans cette poétique levée philhellène qui eut pour elle les rhéteurs, les artistes, les poëtes, les femmes, les pédagogues et les écoliers

Sentant que la force d'information fait la force d'action, un ministre de l'extrême Occident, en 1849, comprit toutes ces choses. Lord Palmerston, — là est sa gloire de diplomate, — au lieu de s'envelopper de ténèbres comme M. Guizot, ou de les répandre comme M. Drouyn de Lhuys, — lequel fut d'autant plus coupable qu'il était mieux informé que Palmerston lui-même, — au lieu de fuir sous le souffle de cette grande question d'Orient qui s'amoncelait comme un orage immense de Pétersbourg à Constantinople, lui, l'habile pilote, naviguait au plus près du vent, le regard sans cesse fixé sur l'empire ottoman et sur la Russie; animant de ses convictions ses sous-secrétaires d'État Bathurst et Willougby, il poursuivait d'informations infatigables toutes ces intrigues silencieuses qui sont la préparation de la guerre, fouillant les moindres rapports des agents consulaires dans les deux empires, voyant tout, lisant tout, pensant que sur un pareil terrain aucun renseignement n'est indifférent.

Aussi les flottes arrivèrent-elles à temps

dans les mers de la Grèce pour empêcher les Slaves de s'unir ; aussi les navires anglais précédèrent-ils les nôtres aux Dardanelles.

Ce qu'il faut ajouter pour compléter l'esquisse des moyens dont dispose le système russe, c'est que les puissances allemandes prises entre la France et la Russie étouffent dans cet embrassement.

Placées entre la civilisation et la force, les redoutant presque autant l'une que l'autre, mais sentant que, pour vivre indépendantes entre l'influence russe et l'influence française, il faudrait les surpasser deux fois en nombre, en richesses et en génie, les puissances allemandes, à la suite des guerres de l'Empire, ont compris qu'il ne leur restait que le choix d'un maître ; et, selon l'erreur ordinaire des faibles, entre la force intellectuelle et la force matérielle, elles inclinent vers cette dernière [1].

Tel est le système.

Il y a cependant en faveur de la Russie

[1] *Histoire de la seconde République française*, t. IV.

quelques arguments que la bonne foi ne nous permet pas de passer sous silence. Lorsqu'on examine sur la carte les limites de cet immense empire, on est frappé de l'état vague, presque incertain de ses frontières. Ainsi jusqu'à quel point les hordes qui affluent derrière la mer Caspienne ou au pied de ces incommensurables chaînes de montagnes qui côtoient l'empire chinois peuvent-elles être considérées comme véritablement russes?

A qui appartient un territoire que la carte désigne sous le nom de désert?

Que signifie le sol sans l'appropriation?

Et là où l'homme ne se fixe pas, où la matière gouvernable est mobile et incertaine comme les flots de l'Océan, quel prince pourrait dire : « Je règne[1]. »

[1] Voici une belle peinture de ces déserts, tracée de main de maître, et que je rencontre parmi les pages sans prétention d'un album :

« Là, est une mer de terre, un océan de steppes où l'agriculture n'entravera jamais la marche rapide des canons et encore moins la droite portée des boulets. C'est là le chemin successivement suivi par chacune des grandes races conquérantes... On dirait que,

Du côté de l'Europe centrale, cette incertitude n'existe pas, notamment pour la Prusse, la Suède et la Pologne. Rien ne justifie l'envahissement de la Finlande et le morcellement du royaume de Pologne.

Mais, lorsqu'on descend aux frontières de l'Autriche et de la Turquie, le même état vague et fluctuant que nous signalions en Asie se manifeste sous des formes nouvelles. L'Autriche et la Turquie règnent sur des peuples qui ne leur appartiennent pas. C'est tantôt en violation du principe religieux, comme chez les chrétiens d'Orient, du principe autonomique ou du principe national, comme chez les Roumains, les Hongrois, les Slaves du Sud, que s'exerce la domination turque et autrichienne.

déjà préparées par Dieu, et à un jour qui n'est pas loin, au duel qui devra enfin se livrer entre les armées de la pensée libre et celles du despotisme, ces vastes arènes se savent prédestinées aux combattants de ces litiges, qu'elles ne veulent alors d'autre soc que le sabre, d'autre engrais que le sang humain. » (*Album Moldo-Valaque*, par M. Ad. Billecocq, ancien agent et consul général de France dans les principautés du Danube.)

Or il est rare que la violation d'un droit ne devienne pas une source permanente de conflits. Les peuples ainsi placés, Roumains, Hongrois, Slaves du Sud, dans le malaise de leur condition, se tournent tantôt d'un côté, tantôt de l'autre, se jetant dans les bras du voisin pour échapper au maître. Il en résulte à la longue un état d'incertitude qui maintient les diplomaties en méfiance et se traduit à chaque instant par des occupations et des massacres.

Jusqu'à la proclamation du hatti-hümaïoun de 1856, pouvait-on dire que les chrétiens orthodoxes de l'empire ottoman fussent plutôt Turcs que Russes? Les bataillons de Luders, en 1849, étaient-ils animés d'un véritable esprit de haine contre les magyares? Les boyards moldo-valaques préfèrent-ils Fuad-Pacha à M. Paul de Kisseleff? Les six millions d'orthodoxes du Bannat, de la Hongrie et de la Transylvanie se trouvent-ils parfaitement satisfaits de vivre sous les lois de cette Autriche, qui s'affiche par ses concordats religieux comme si elle voulait monopoliser le protectorat du catholicisme et l'impopularité du siècle?

Cette situation mauvaise, la Russie se l'est faite aux frontières du nord parce que là, comme l'Autriche et la Turquie au sud, elle règne où elle ne doit pas régner.

Quelle éternelle et haute leçon ! Un peuple abuse de sa force, il viole un droit, aussitôt ses frontières n'existent plus. Il franchit les limites de la justice, et, par ce fait, ses limites territoriales tombent dans l'incertitude. Combien on se sent fier en présence de pareils faits de notre belle unité nationale de la France !

Avec cette incertitude de frontières, avec cette situation singulière de n'être qu'un alliage de vingt peuples divers, il n'est pas étonnant que la Russie n'ait pu s'agiter sur ce lit de Procuste sans engendrer la guerre.

La cause du conflit est permanente.

Au milieu d'un tel chaos de diversité de peuples, de frontières indéterminées, de droits mal établis, basés sur la conquête, la protection ou la fraude, qu'est-il resté pour personnifier la Russie? Un gouvernement ; et, à la tête de ce gouvernement, un czar, c'est-à-dire un individu armé du commandement temporel absolu et du prestige religieux, un autocrate dans la double puissance du mot. — Conséquence naturelle d'un état de choses qui exige de la part du pouvoir une énergie et une force d'expansion proportionnées aux étendues qu'il embrasse.

On pourrait donc dire de la Russie : Ce n'est pas un peuple, c'est un gouvernement ; comme on peut dire de la république des États-Unis : Ce n'est pas un gouvernement, c'est une banque commerciale et agricole.

Mais la sécheresse, le vide même de cette situation, ne pouvaient échapper à un homme de la capacité du czar Nicolas.

Alors on voyait ce formidable pasteur rechercher dans son troupeau hétérogène le corps de la nation, s'efforcer de saisir la molécule nationale, et, s'apercevant que parmi les peuples réunis sous son sceptre courait, comme les filons d'une mine à travers les entrailles de la terre, l'immense gisement de la race slave, il s'écriait : « Je tiens mon peuple ! La Russie n'est plus seulement un cabinet ! »

On le voyait alors organiser le panslavisme, et poursuivre d'une manière plus ou moins ostensible l'utopie de la réunion de la race slave en corps de nation.

Mais il arrivait que la race slave, de même qu'une mine en son épanouissement, ne tenait pas compte des frontières formées par la politique. La mine de houille ne s'arrête pas aux lignes du Zollverein ou aux portes de Mons et de Tournay. Elle ne demande pas aux gens de la gabelle la permission d'entrer dans le pays en acquittant les droits. — Ainsi des races.

D'où il résultait que le czar Nicolas, poursuivant le filon slave, arrivait, par l'éparpillement de ses rameaux, à trouver des Slaves en Turquie, en Grèce, en Illyrie, au quai des Esclavons à Venise, en Autriche, en Prusse, au Montenegro. Il en eût été chercher au bout du monde. Mais, en redemandant ainsi plus ou moins tacitement son prétendu peuple à tout le monde, il froissait tous les intérêts européens, créait partout, de bonne ou de mauvaise foi, des causes de conflit, en rencontrait sans s'y attendre, en provoquait le plus souvent.

Et, quand le czar avait constitué dans sa

pensée le faisceau du panslavisme, il se souvenait tout à coup de son origine allemande, ce *caput mortuum* de la Russie.

Le peuple russe donne à tous les peuples, et notamment aux Allemands, le nom slave de *nïamz*, qui signifie *muet*. Il regarde comme muet quiconque parle une autre langue que la sienne. Par son origine allemande, l'empereur de Russie est donc *nïamz*.

En un mot, le czar vivait en proie à un rêve monstrueux. Ce rêve, aux derniers mois de sa vie, prit le caractère fantastique d'un conte d'Hoffmann, ou de ces feux pyriques qui revêtent les apparences d'une dilatation dont l'œil s'épouvante.

Or, comme généraux, diplomates, administrateurs, sentaient qu'ils n'obéissaient point à une morale, mais à un système; point à une raison, mais à une idée fixe, ils étaient parfaitement sûrs de n'être pas désavoués. Et ils allaient, le front impassible, aussi loin qu'on leur disait d'aller dans la situation, comme Mentzikoff à Constantinople; dans l'intrigue, comme Duhamel et Dashkoff à Bucharest; dans la fraude, comme Ruckman dans l'affaire du statut organique des principautés. Ils allaient à donner le vertige à l'honneur, à la moralité du spectateur, et n'éprouvaient même pas le plus léger éblouissement.

Mais il arrive un jour où l'on sait ce que coûtent ces mensonges de courtisans. De même que l'Angleterre a découvert les vices de l'intendance, la Russie, en comptant ses morts, s'est aperçue des vices de son administration.

N'est-il pas singulier que les Diderot, les d'Alembert, et autres grands esprits de l'Encyclopédie, et, plus tard, au temps du philhellénisme et de l'hétairie, les plus beaux génies de l'Occident au dix-neuvième siècle, aient servi de complices à ce rêve monstrueux?

Les sympathies occidentales d'Alexandre II, son bon sens germanique, la façon plus humaine dont il comprend les véritables intérêts de la Russie, mettront sans doute fin à cette fantasmagorie. L'Europe en est bien évidemment lasse. Ce qui nous donne cet espoir, c'est que l'empereur Alexandre a su mettre ses instincts de justice et d'humanité, ses idées de saine politique, au-dessus des funestes inspirations du vieux parti russe, qui lui soufflait la guerre.

Dans de telles conditions, il y avait plus de courage peut-être à signer la paix qu'à continuer la lutte. C'est d'ailleurs au lendemain de la prise de Kars qu'Alexandre a consenti aux négociations. La Russie possède des ressources immenses et de toute nature. Elle pourrait, au besoin, faire des zouaves avec des Polonais et des Grecs palicares. Elle est insaisissable comme le désert, parce que le désert, c'est le vide.

Alexandre Ier sentait bien cette force de la solitude, lorsqu'il disait à Bernadotte, en voyant venir Napoléon : « Je me retirerai, s'il le faut, jusque dans la Sibérie. Nous reprendrons les mœurs et la vie de nos ancêtres, et, quand les temps seront accomplis, nous reviendrons comme eux, avec nos longues barbes, reconquérir notre héritage[1]. »

[1] La *Scandinavie, ses craintes et ses espérances*, par G. Lallerstedt.

Pour Alexandre II comme pour Napoléon III, la conclusion de la paix marque l'aurore d'une vie nouvelle. C'est ici que commence la difficulté, parce que c'est ici que commence l'action véritable. La guerre n'est qu'une préparation.

Agir, en politique, c'est créer des institutions qui tendent au développement moral et au bien-être matériel d'un peuple.

Je n'ignore pas qu'en Russie comme ailleurs, et plus peut-être que partout ailleurs, il ne manque pas de personnes qui trouvent les choses fort bien comme elles sont. Le paysan russe, disent-elles, n'est pas mécontent de son sort. Sa vie élémentaire et ses idées bornées suffisent à ses besoins et à son humble génie. Lorsqu'on lui parle de l'Empereur, il fait le signe de la croix[1] : que voulez-vous de

[1] Voici une anecdote qui offre un trait du caractère du peuple russe. Dans ses voyages à travers son vaste empire, l'empereur Nicolas faisait le plus souvent conduire sa voiture par un cocher pour lequel il avait une certaine prédilection. Un jour, la voiture impériale était attelée d'un quadrige de chevaux ardents et roulait sur une pente rapide.

plus? A quoi bon ouvrir la serrure de cette intelligence avec la clef de la science et de la

Le lecteur n'ignore pas que, dans ce genre d'attelage, les chevaux sont placés de front, sur une seule ligne.

D'un côté de la route s'élevait une rampe de rochers pareils à une haute muraille. De l'autre, régnait un abîme dont le regard se fût effrayé à mesurer les plans presque verticaux. La route était assez étroite et tournait brusquement à cinq cents pas de là.

Les manches relevées, ses longues guides aux poings, le moujick luttait contre l'ardeur de ses chevaux. Tout à coup il s'aperçoit qu'il n'en est plus maître et qu'ils ont pris le mors aux dents. En même temps, au détour de la route, paraissent sept ou huit lourds chariots et un troupeau de bœufs. Le péril est imminent, inévitable. La voiture doit se briser contre les chariots, contre les rochers, ou rouler dans l'abîme.

— « Tenez-vous bien ! » s'écrie le moujick en se retournant à demi vers son maître.

Il se dresse, laisse flotter ses longues guides, les élève et les rabat brusquement dans les pieds des chevaux, qui s'y entrelacent et roulent à terre. L'Empereur était sauvé. « Tu es libre ! » dit-il à son moujick en lui frappant sur l'épaule.

— « Oui, mais à quel prix la liberté ! » articula un vieux palicare à qui je racontais cette anecdote.

philosophie? Vous allez créer à ces pauvres moujicks des besoins nouveaux, des aspirations inconnues. Et comment les satisferez-vous? comment les satisfaites-vous à l'égard de votre prolétariat de l'Europe occidentale, dont la tête est comme une maison sans portes ni fenêtres, ouverte à tous les vents de la philosophie, de la politique et de l'utopie?

Ces raisonnements boyaresques peuvent convenir aux gens qui, trouvant leur lit bien fait, n'imaginent pas qu'en ce monde la vie ait un autre but que de parcourir, dans un temps donné, un certain nombre de sensations. Mais, pour les hommes d'un esprit et d'une moralité supérieurs, il y a, pour l'humanité comme pour l'individu, un but éternel, c'est de devenir meilleur en s'élevant par la connaissance.

Les despotes encourent une responsabilité bien plus lourde à porter, ce me semble, que la servitude des personnes, c'est l'asservissement des esprits.

Le peuple russe est un vaste champ où la faux du premier czar réformateur qui voudra se mettre à l'œuvre trouvera de quoi se développer. Du nord au midi, l'Orient, il faut le dire, est semblable à ce chemin de l'enfer dont parle Dante. Mais ce ne sont pas seulement les mauvaises passions, pareilles à la lionne ou à la louve, qui l'habitent, ce sont les priviléges.

On peut juger de la moralité politique d'un peuple au nombre et à l'étendue des priviléges qu'il recèle.

Or il est plus facile de détruire les strélitz, comme Pierre le Grand, ou les janissaires, comme le sultan Mahmoud, que de déraciner un privilége.

Le premier souverain réformateur en Russie qui voudra sincèrement entrer dans le champ doit s'attendre à marcher avec le génie du poison à sa droite, celui du poignard à sa gauche, et celui du lacet derrière les talons.

L'histoire nous l'enseigne trop bien : l'assassinat veille au besoin à la conservation des priviléges. Il n'y a pas dans l'homme de sentiment plus féroce, plus implacable, que celui de la possession, alors même que cette possession blesse les intérêts les plus légitimes.

Je sais tel pays de l'Europe où, par des raisons trop longues à déduire ici, la liberté a besoin d'un puissant contre-poids. Mais, en Russie, la terre a soif de liberté, comme elle a soif de pluie sous l'équateur. La liberté seule peut solliciter tant de germes comprimés. Quand cette rosée bienfaisante tombera sur ce magnifique sol, on verra de quoi est capable le peuple russe, si fort, si patient, si résigné.

Que l'empereur Alexandre II devienne ce réformateur, les vœux et les sympathies de l'Occident l'accompagneront.

L'ancien système russe est à peu près démasqué sur toute la ligne ; à quoi bon continuer ?

Puisque l'Europe ne veut pas se faire russe, il est de bon goût que la Russie se fasse européenne.

AVIS AUX LECTEURS

DE CES PORTRAITS POLITIQUES.

Sans avoir la prétention de faire ici un cours de politique internationale, l'auteur s'efforcera cependant de placer, autant que possible, les matières dans un ordre qui en rende l'intelligence facile.

En prenant soin de n'aborder les détails qu'après avoir exposé des ensembles, il n'y a pas à redouter que l'esprit du lecteur se trouble et répugne à le suivre.

Ainsi, dans le portrait qu'on vient de lire, nous avons essayé de caractériser le système de la politique russe en général, et d'énumérer ses moyens d'action. Un certain nombre de dénominations nouvelles pour le lecteur étranger à l'étude de la politique extérieure se sont rencontrées sous notre plume. Mais, dans la foule des noms qui figurent au prospectus de cette publication, chacun de ces termes trouvera son explication par la peinture même du caractère et de la vie publique de tel ou tel personnage.

Là est toute la logique et tout le secret de notre plan.

Ainsi, pour rester à peu près dans les limites du terrain sur lequel nous venons de pousser une première reconnaissance, avec M. de Kisseleff, nous expliquerons les *protectorats*, avec M. Gortschakoff l'*orthodoxie*, avec Ipsylanti les *hétairies*, avec Coletti le *palicarisme*, avec M. Mentzikoff la *diplomatie russe*, avec M. Orloff le *vieux parti russe*, avec le Finlandais Copelius l'*action russe en Finlande*, avec madame de Lieven l'*intrigue russe à Paris*, avec M. Todleben le *génie militaire du peuple russe*, avec Louis Gaj les *Slaves du Sud*, avec MM. G. A. Ghika et Héliade les *principautés*, etc., etc.

Par le même motif, quand nous parlerons de l'Angleterre, je suppose, nous essayerons de caractériser, à l'aide du portrait de la reine ou de quelque grand ministre, comme lord Palmerston, par exemple, la politique anglaise actuelle dans son ensemble ; nous réservant de pénétrer ensuite, à l'aide des divers portraits que nous nous proposons de tracer, dans les perspectives nombreuses que nous offre cette grande nation.

Nous ferons de même pour les autres peuples.

La seule chose à laquelle nous ne croyons pas utile de nous astreindre, c'est d'épuiser la liste des célébrités politiques d'une nation et des questions qu'elles représentent, avant de passer à un autre sujet.

Une telle méthode offrirait un double inconvénient : le premier serait de fatiguer l'attention du lecteur en ne lui offrant pas une succession assez rapide dans la variété des tableaux ; le second serait de contredire le principe même de notre plan, qui consiste à généraliser avant de détailler.

Ce qui nous presse le plus dans le présent, c'est de donner d'abord au lecteur une idée de la politique de chaque peuple, afin qu'il saisisse les liens principaux qui rattachent ces parties diverses d'un même tout.

Dès que nous aurons ainsi constitué dans sa pensée la sphère politique, nous serons à l'aise pour en esquisser la géographie.

L'avantage qui nous paraît résulter de cette méthode, par laquelle chaque partie ébauchée concourt à l'esquisse d'un ensemble, est de participer à la fois de l'analyse et de la synthèse, et de les constituer simultanément.

Quiconque aura lu les premiers de ces portraits n'éprouvera point de fatigue à la lecture des portraits suivants. H. C.

CORRESPONDANCE.

On nous écrit : « M. de Persigny n'a jamais servi dans l'armée, » etc. Quelque soin que nous apportions, il est impossible qu'il ne se glisse pas des erreurs. Nous recevrons avec reconnaissance les rectifications que le public voudra bien nous adresser, et ces erreurs disparaîtront de nos tirages suivants. — Tome I, p. 27 : C'est le général et non le duc de Montebello qui est aujourd'hui aide de camp de l'Empereur. Le maréchal Lannes a laissé quatre fils.

LIBRAIRIE DE FERDINAND SARTORIUS
RUE MAZARINE, 9, A PARIS

COLLECTION FORMAT JÉSUS-PITTORESQUE IN-32

PORTRAITS POLITIQUES AU DIX-NEUVIÈME SIÈCLE

PAR M. HIPPOLYTE CASTILLE

AUTEUR DE L'HISTOIRE DE LA SECONDE RÉPUBLIQUE FRANÇAISE (1848-1853)

PROSPECTUS

Quand M. de Lamartine, retraçant après tant d'autres l'histoire des hommes illustres de l'antiquité, intéresse encore le peuple, il est permis de croire que les hommes illustres de ce temps-ci n'offriront pas moins d'attrait à la curiosité publique. Entre les mains d'un écrivain indépendant et éclairé, une série de portraits bien faits renfermera certainement l'enseignement à la fois le plus agréable et le plus élevé.

Les hommes ne sont autre chose que l'incarnation des idées. Derrière chaque sommité on trouve presque toujours une question spéciale. Ce sont précisément ces hommes-idées, ces grands acteurs de l'histoire contemporaine, que nous rechercherons avec le plus de soin.

Les publications du genre de celle-ci s'attachent ordinairement à piquer la curiosité par des contrastes plus ou moins violents. Il en résulte une confusion, un éparpillement de la pensée que nous voulons éviter. Il ne s'agit donc ici que de personnages publics. Mais nous tiendrons à ce que notre cadre soit complet, qu'il soit en quelque sorte le *Cosmos politique* du dix-neuvième siècle.

Le but élevé qu'on se propose est un grand garant de sa haute moralité. Ceci n'est ni une *réclame* ni un *pamphlet*. C'est un vaste travail d'informations et de renseignements, où le plaisir de grandir les physionomies ne l'emportera jamais sur la ferme volonté de les présenter sous leur aspect réel. Ce travail, par sa nature même, se place en dehors de l'*esprit de parti*, et ne comporte d'autre passion que celle de l'utile et du vrai.

L'écrivain distingué qui a bien voulu accepter cette tâche difficile, M. Hipp. Castille, a révélé depuis quelques années, en politique et en histoire, des qualités de premier ordre. L'auteur des *Hommes et les mœurs en France sous le règne de Louis-Philippe*, et de l'Histoire de la seconde République française, est un esprit indépendant qui puise ses inspirations aux sources les plus authentiques et en même temps les plus nouvelles et les plus pures. Ce talent, qui devient chaque jour plus large et plus sérieux, va trouver, dans le vaste cadre qui lui est ouvert ici, l'espace qui convient à son essor.

Ferdinand SARTORIUS, éditeur.

LISTE PROVISOIRE

AFRIQUE : Le bey de Tunis, Saïd-Pacha, vice-roi d'Egypte; Abd-el-Kader; le gouverneur de l'Algérie, Randon. — **ANGLETERRE** : La reine Victoria, Palmerston, Cobden, John Russel, Robert Peel, Disraeli, Normanby, duc de Newcastle, Bright, Clarendon, lord Strattford de Redcliffe. **AUSTRALIE** : Le gouverneur. — **AUTRICHE** : Metternich, Fiquelmont, de Bruck, Buol de Schauenstein. — **BAVIÈRE** : M. de Pfordten. — **BRÉSIL** : Don Pédro II. — **BELGIQUE** : Le duc de Brabant. — **CIRCASSIE** : Schamyl. — **CONFÉDÉRATION ARGENTINE** : Le général J.-J. Urquiza, Rosas. — **CROATIE** : Jelachich. — **DANEMARK** : Le duc d'Augustenburg. — **ESPAGNE** : La reine Christine, Espartero, Madoz, O'Donnel, Évariste San Miguel, don Carlos. — **ÉTATS-UNIS** : Jefferson, Jackson, Clay, Adams. — **FRANCE** : Napoléon III, Thiers, Guizot, la duchesse d'Orléans, Montalembert, la Rochejaquelein, Louis-Philippe, Persigny, Cavaignac, Louis Blanc, Canrobert, Drouyn de l'Huys, Bourqueney, Billecocq, Baroche, Falloux, comte de Chambord, Ledru-Rollin, Morny, Sibour, Changarnier, Mac-Mahon, Lesseps, Cousin, Lamoricière, Talleyrand. — *Journal des Débats*, *Presse*, *Assemblée nationale*, *Gazette de France*, *Univers*, *Constitutionnel*, *Siècle*, *Revue des Deux Mondes*, etc., et le personnel de leur rédaction. — **GRÈCE** : Kalerdji, Trikoupi, la reine de Grèce, le roi Othon, Ipsylanti, le père Economos. — **HAITI** : Soulouque (Faustin Ier). — **HONGRIE** : Kossuth, Clapka, Georgey, Bathiany. — **ITALIE** : Azeglio, Cavour, Caretto, Ferdinand II, Garibaldi, le roi Victor-Emmanuel, Manin, Mazini, Poerio, Pie IX, Ulloa. — **MOLDO-VALACHIE** : Héliade, Stirbey, A.-G. Ghika, Bibesco. — **PAYS-BAS** : Guillaume III. — **POLOGNE** : Le comte Zamoiski, Czartoriski, Dembinski, Mieroslawski. — **PORTUGAL** : Maréchal Saldanha. — **PRUSSE** : Frédéric Guillaume, Manteuffel. — Gerlach. — **RÉPUBLIQUE DU MEXIQUE** : Santa Anna. — **RÉPUBLIQUE**

ORIENTALE : Manuel Bustamente, Oribe. — **RUSSIE :** Alexandre II, Todleben, Nesselrode, Mentzikoff, Gortschakoff, Mourawieff, Kisseleff, Orloff, Brunow, Mme de Lieven. — **SAN FRANCISCO :** Boulbon. — **SAXE :** Seebach, Beust. — **SERVIE :** Le prince Milosch. — **SUÈDE :** Manderstrœm, Crusenstolpe, Runeberg. — **SUISSE :** James Fazy, Ochsenbein, général Dufour. — **TRANSYLVANIE :** Yanko, Laurianí. — **TURQUIE :** Sultan Abdul-Medjid-Khan, Reschid-Pacha, Aali-Pacha, Omer-Pacha, Fuad-Pacha, Callimaki, Mussurus.

CONDITIONS DE LA SOUSCRIPTION

Chaque volume de 64 pages, impression et papier de luxe, contiendra un portrait et un autographe, quelquefois deux portraits et deux autographes, quelquefois ni portrait ni autographe.

Nos relations internationales nous permettront de nous procurer tous les portraits et autographes annoncés dans notre liste *provisoire*.

Deux volumes par mois. Le prix du volume, 64 pages de texte, portrait et autographe, est de 43 centimes et demi, plus 6 centimes et demi pour le timbre, en tout 50 centimes. Départements, *franco*, 65 cent.

ON SOUSCRIT :

Pour 12 Volumes		**Pour 24 Volumes**	
Paris.	6 fr.	Paris	12 fr.
Province. . . .	7 50	Province . . .	15

Adresser les mandats :

A M. FERDINAND SARTORIUS,

ÉDITEUR, 9, RUE MAZARINE,

AU DICTIONNAIRE DE LA CONSERVATION.

PARIS. — IMP. SIMON RAÇON ET COMP., RUE D'ERFURTH, 1.

PORTRAITS POLITIQUES AU XIXe SIÈCLE

PAR HIPPOLYTE CASTILLE

En Vente

NAPOLÉON III	**ALEXANDRE**
Un volume in-32	Un vol. in-32

Sous Presse

LE GÉNÉRAL CAVAIGNAC

LISTE PROVISOIRE

FRANCE : **Drouin de l'Huys — La duchesse d'Orléans**, etc.

EMPIRE OTTOMAN : **Réchid-Pacha — Omer-Pacha**, etc.

ANGLETERRE : **La reine Victoria — Palmerston**, etc.

AUTRICHE : **Metternich — Fiquelmont**, etc.

(*Voir le Prospectus*)

CONDITIONS DE LA SOUSCRIPTION

Chaque volume de 64 pages in-32, *avec* ou *sans* un ou plusieurs portraits et autographes :

PRIX { L'exemplaire. 43 c. 1/2 ; Timbre. . . . 6 1/2 } **50 CENT.**

ON SOUSCRIT

Pour 12 Volumes		**Pour 24 Volumes**	
Paris	6 fr.	Paris.	12 fr.
Province.	7 50	Province.	15 »

DEUX VOLUMES CHAQUE MOIS

Adresser les mandats à M. FERD. SARTORIUS, 9, rue Mazarine au bureau du *Dictionnaire de la Conversation*.

PARIS. — IMP. SIMON RAÇON ET COMP., RUE D'ERFURTH, 1.

www.ingramcontent.com/pod-product-compliance
Lightning Source LLC
LaVergne TN
LVHW020040170826
845678LV00001B/344

* 9 7 8 2 3 2 9 6 9 4 5 6 6 *